my dear Flower

my dear flower

매일매일
사랑스러운
코코무드의
감성 플라워
클래스

마이
디어
플라워

코코무드
주예슬 지음

한스미디어

Contents

프롤로그 8

Intro
1장 꽃과 친해지기

기본 도구 12
꽃시장 방문하기 14
꽃 손질하기 18
응급처치하기 20
오아시스 물 먹이기 23

Basic Lesson
2장 베이직 레슨

1
한 송이 꽃

해바라기
28

수국
36

2
핸드타이드

미니 핸드타이드
48

파스텔 핸드타이드
56

비비드 핸드타이드
68

3
플라워 바스켓

파스텔 플라워 바스켓
80

비비드 플라워 바스켓
90

카네이션 바스켓
102

4
화병꽂이

그림자 스타일 화병꽂이
118

저그 스타일링
122

와인잔 데코레이션
138

Special Lesson
3장 스페셜 레슨

1
테이블 데코레이션

프레임 데코레이션
152

플라워 케이크
160

웰컴 플라워
168

2
셀프 웨딩 스타일링

파스텔 부케
182

비비드 부케
190

조화 화관
198

3
홈 드레싱

드라이플라워 미모사 리스
208

트라이앵글 행잉 리스
216

실버 라벨 미니 트리
226

Green Lifestyle
4장 그린 라이프스타일

미니 가드닝
238

테라리움
248

키친 가든
258

Photo Essay
꽃의 도시, 암스테르담 여행 *266*

에필로그 *272*
플라워 인덱스 *280*

Prologue

'좋은 것을 보면 좋아지는 마음, 아름다운 것을 보면 아름다워지는 마음.'

꽃을 바라보는 마음은 누구나 다르지 않습니다.
예쁘다, 곱다, 아름답다……. 꽃이란 본래 사랑받아 마땅하게 태어나
놓여 있어도 흐트러져 있어도 저마다의 독특한 매력이 있기에
코코무드만의 감성을 더하여 보다 특별한 분위기를 만들어보고자 합니다.

평범한 어느 날이 코코무드라는 감성으로
새로이 새겨지는 순간들을 기록하고 싶었습니다.
그리고 그 순간들을 모아 플라워 레시피를 구성했어요.
꽃에 대한 취향이야 사람에 따라 다르겠지만
기품 있는 아름다움을 공유하기에는 충분합니다.
맑은 공기, 다소 변덕스러운 날씨들과 계절들을 오롯이 느끼며
부지런히 생각하고 아낌없는 에너지를 쏟아내고
꽃과 마주한 사진들로 채워진 이 공간을 눈과 마음으로 즐겨주세요.

예기치 않은 이끌림에 문득 멋진 카페에 들러보는 날처럼
계획된 방문이 아닌 우연히 마주한 사건에 우리의 가슴은 더 두근거립니다.
만약 알 수 없는 무언가에 이끌려 우연히 여러분이 이 책을 열어보게 된다면
잠깐의 순간이나마 따뜻하고 사랑스럽다고 느낄 수 있도록
페이지 가득한 힐링의 순간이 마음 깊이 고이 전달되기를 바랍니다.
책을 통해 꽃의 아름다움을 표현하는 방법을 익히는 일뿐 아니라
보는 내내 눈과 마음이 설레는 그런 순간이 되면 좋겠습니다.

감성과 설렘이 담긴, 코코무드의 플라워 라이프로 초대합니다.

Intro
꽃과 친해지기

내가
사랑하는
꽃

Basic tool

기본 도구

1 생화 본드
생화를 오아시스나 리본에 부착할 때 사용합니다.

2 양면 테이프
부케를 밴딩할 때, 바스켓에 리본을 두를 때 사용합니다.

3 와이어
꽃 줄기에 지지대를 세워줄 때 사용합니다. 18번~26번까지 다양한 굵기가 있어요.

4 플로랄 테이프
와이어로 꽃을 고정시킨 부분을 감싸주고, 와이어를 가려주는 역할을 합니다.

5 진주핀
부케를 밴딩할 때 리본을 고정해주는 핀입니다.

6 바인드 와이어
핸드타이드의 바인딩 포인트를 고정해주는 와이어입니다.

7 오아이스 테이프
오아시스를 오아시스틀(바스켓,화기)에 고정할 때 사용합니다.

8 오아이스 칼
오아시스를 자르는 도구입니다.

9 생화 나이프
생화의 줄기를 자를 때 사용합니다. 줄기가 무른 생화를 자를 때 적합합니다. 예) 카라

10 생화 가위
생화의 줄기를 자를 때 사용합니다.

11 전지 가위
목질의 생화 줄기를 자를 때 사용합니다.

12 가시제거기
장미의 가시를 제거할 때 사용합니다.

13 오아시스
'플로랄폼'이라고도 하며, 꽃이 물을 공급받을 수 있는 스폰지입니다.

14 지철사
녹색의 철사를 말하며, 꽃 줄기에 지지대를 세워줄 때 사용하거나 오아시스를 고정해줄 때 사용합니다.

15 조화 가위
조화의 줄기를 자를 때 사용합니다.

16 리본 가위
리본을 자를 때 사용합니다.

17 마끈
바인드 와이어 대용으로 사용이 가능합니다.

Flower Market
꽃시장 방문하기

"오늘도, 내게 설렘을 안겨줄 꽃을 만나러 가요."

꽃시장은 눈이 즐겁고 마음이 설레기에 충분한 곳입니다.
하지만 다양한 종류의 꽃들이 많아, 오히려 사입하는 데 어려움이 있을 수 있어요.
꽃을 보다가 시장을 돌고 또 돌았다는 이야기를 많은 분들께 듣곤 합니다.

시장을 방문하기 전에, 어떤 작품을 만들지 먼져 구상을 하고 가는 편이 좋고,
그에 맞는 메인 컬러 정도까지만 생각하세요.
특정 꽃을 정하고 방문하는 일은 스스로를 혼란에 빠뜨릴 수 있습니다.
생화이기에 그날그날 들어오는 꽃의 종류가 다를 뿐만 아니라
그날그날 예쁘고 싱싱한 꽃들도 다르기 때문이죠.

플로리스트의 팁을 드리자면,
먼저 시장 한 바퀴를 돌면서 메인 꽃과 컬러를 선택합니다.
그리고 메인 꽃을 받쳐줄 서브 꽃들과 잔잔한 필러 꽃을 구입하세요.
마지막으로 소재 코너에서 그린 소재류를 구입하면
전체적인 재료 선택이 조금 수월해질 수 있어요.
충동적으로 구매할 일도 적어지게 되고요.
또 하나, 겉모습이 예쁘다고 바로 구입하는 것은 금물!
꽃의 얼굴뿐만 아니라 줄기나 잎까지도 꼼꼼히 확인하는 것, 잊지 마세요.

강남 고속버스터미널 화훼상가

주소: 서울특별시 서초구 반포동 19-4 3층
영업시간:
생화시장 23:30 ~ 12:00
조화시장 24:00 ~ 18:00
휴무일: 일요일

꽃시장 방문 TIP

생화 입고일: 매주 월요일, 수요일, 금요일
수입꽃 입고일: 매주 수요일(일부 매장별 상이함)
소량 입고되는 수입꽃의 사입 요령:
해당 매장에 입고 확인 후 예약이 가능

Conditioning
꽃 손질하기

Eucalyptus
유칼립투스

1 유칼립투스를 거꾸로 뒤집어 잡아주세요.

2 아래에서 한 뼘 반 정도를 남기고, 손으로 밀듯이 쓸어 잎을 제거해줍니다.

Rose
장미

1 가시제거를 할 때는 장미의 얼굴이 아닌 줄기를 잡아주세요. 목 아래 부분을 잡는 것이 좋습니다.

2 잎을 양쪽으로 2군데 정도 남긴 후, 가시제거기를 대고 잎과 가시를 훑어주세요. 이때 가시제거기를 너무 세게 눌러 장미 줄기가 벗겨지지 않도록 힘 조절에 유의합니다.

Tulip
튤립

1 튤립은 무른 질감의 줄기를 가지고 있으므로 꽃의 얼굴 주변이 아닌 떼어낼 잎과 가까운 줄기를 잡아줍니다.

2 잎을 2군데 정도 남기고 깔끔하게 떼어주세요.

Gervera
거베라

거베라는 완전히 피고나면 꽃잎이 밑으로 쳐지므로, 꽃의 형태를 유지하고 수송을 편리하게 하기 위해 꽃잎 아래에 플라스틱 캡을 씌웁니다. 또한 꽃이 피면서 줄기가 꺾이는 굴곡현상이 나타나는데 이를 방지하기 위해 철사를 꽂아 테이핑이 된 상태로 판매가 됩니다.

1 플라스틱 캡을 줄기 밑으로 살짝 내려주세요.

2 캡을 다시 씌워도 꽃잎이 적당히 벌어질 수 있도록 캡의 윗부분을 2cm 정도 잘라줍니다.

Reviving 응급처치하기

> Q "수국이 시들었어요."
> A "봉지를 씌워주세요."

Hydrangea
수국 봉지 씌우기

1 물조리개, 바인드 와이어, 비닐 봉지를 준비합니다.

2 수국은 잎을 2개 정도 남기고 모두 제거해주세요.
   tip. 수국은 물을 좋아하는 꽃이기 때문에 잎을 제거하지 않을 경우 물의 양분이 잎으로만 쏠려 꽃잎이 금방 시들 수 있어요.

3 물을 가득 담은 통에 수국을 넣고, 가능한 한 줄기에 물이 많이 담가지도록 합니다.

4 수국의 얼굴에 물을 충분히 뿌려주세요.

5, 6 수분이 날아가지 않도록 봉지를 씌워 와이어로 고정합니다.

7 이 상태르 하루 정도 서늘한 곳에 보관합니다.

> Q "꽃을 빨리 피우고 싶어요." or "물오름이 잘되게 하고 싶어요."
> A "끓는 물에 살짝 담가서 열처리를 해주세요."

Peony
열처리하기

열처리는 작약, 국화 등 목질 줄기를 가진 절화류에 적합한 방법입니다. 여기서는 작약을 예시로 설명합니다. 열처리에 적합한 소재로는 소국, 다알리아, 해바라기, 스토크, 작약 등이 있습니다.

1 물을 끓여 한 김 식힌 후, 줄기 끝이 약 10~12cm 잠기도록 10초 정도 담가주세요.

2 밑에서 1cm 정도 부분에 있는 줄기를 사선으로 잘라줍니다. 이때 자르는 길이는 크게 상관없지만 뜨거운 물에 담갔던 부분을 다 제거해서는 안 됩니다.

3 찬물에 줄기가 반 정도 잠기도록 담가 보관합니다.

Soaking floral foam
오아시스 물먹이기

1 오아시스가 완전히 잠길 정도로 물이 담긴 수조를 준비합니다.

2 오아시스를 수면 위로 띄워주세요.

3 2~3분 후 오아시스가 완전히 가라앉으면 건져서 사용합니다.

주의사항
- 오아시스를 흐르는 물에 직접 갖다 대지 않도록 합니다.
- 수면에 띄운 오아시스를 누르지 않습니다.

Basic Lesson
베이직 레슨

내 옆에 늘
잔잔하게
머물러줘

A Piece of Flower

1
한 송이 꽃

한 송이의 꽃을 가만히 바라본 적이 있나요?
여러 송이의 꽃을 예쁘게 다발로 만든 것도 물론 아름답지만,
작은 꽃 한 송이가 투명한 유리병에 꽂힌 채
맑디 맑은 빛에 반사되는 모습이 와 그리도 아름답던지.
꽃으로 공감할 수 있는 다양한 아름다움을
좀 더 깊이 있게 소개하고 싶어요.

Sunflower

해바라기[sunflower] 꽃말 : 숭배, 기다림

해바라기

흔하게 볼 수 있는 꽃이지만,
스트라이프 포장지를 써서 좀 더 세련된 느낌으로 완성할 수 있어요.
한 송이로 가볍게 다가갈 수 있는 해바라기 꽃다발에는
'기다림'이라는 수줍은 고백이 담겨 있답니다.

How to Make

1

재료와 도구를 준비합니다.

재료	도구와 부자재
해바라기 1송이	크라프트지 스트라이프 포장지 (가로 45cm, 세로 20cm) 오간디 리본(브라운) 지철사, 꽃가위, 리본가위

2 크라프트지 2분의 1지점에 해바라기를 11시 방향으로 비스듬히 놓습니다.

3 크라프트지의 왼쪽 부분이 해바라기 줄기를 감싸듯이 비스듬히 올려 접어준 후, 오른쪽도 동일하게 접어줍니다.

4 줄기와 만나는 가운데 부분에 주름을 잡고 지철사로 고정합니다.

5

그 위에 스트라이프 포장지로
2~3번 과정과 동일하게 접어
줍니다.

6

오간디 리본으로 매듭을 지어
준 후 리본을 묶어줍니다.

양쪽 리본의 길이가 같도록 잘라주고, 포장지 밑으로 보이는 해바라기의 줄기가 약 10cm 가량 남도록 꽃가위로 잘라주면 완성입니다.

Hydrangea

수국[hydrangea] 꽃말 : 진심, 변덕

수국

생화로 볼 수 있는 블루 컬러의 꽃이 과연 얼마나 될까요?
이렇게 또렷하고 청아한 블루톤의 꽃은 단연 수국이 최고라고 생각해요.
한 송이 꽃으로도 풍성하게 마음을 전하고 싶다면
주저하지 말고 수국을 선택하세요.

How to Make

1

먼저 수국을 잡아주세요.

재료	도구와 부자재
수국 1송이	크라프트지(카키)
유칼립투스 2대	습자지(미색)
	스트라이프 리본
	리본 가위
	꽃가위
	지철사

2

수국 사이로 유칼립투스가 자연
스럽게 보이도록 잡아줍니다.

3

유칼립투스는 수국 앞뒤로 배치
해주는 것이 좋아요.

4 수국과 유칼립투스를 지철사로 고정해줍니다.

5 습자지를 산모양이 되도록 대각선으로 접은 후 수국 덩어리를 올려줍니다.

6 습자지로 수국 덩어리를 감싸듯이 접어주세요

7 러플이 생기도록 자연스럽게 감싸줍니다.

8 위쪽에 놓인 습자지가 살짝 보이도록 크라프트지로 포장해주세요.

9 스트라이프 리본으로 묶어주면 완성입니다.

베이직레슨

#2

Hand Tied

핸드타이드

사람도 꽃도 함께하기에 더욱 고혹적이고 아름다운 분위기를 냅니다.
서로의 존재를 더욱 돋보이게 하면서도 고유의 존재감을 결코 포기하지 않는 것.
그것이 바로 플라워 어레인지먼트입니다.
먼저 눈으로 꽃을 천천히 살펴보고, 마음이 가는 꽃들을 하나씩 집어 듭니다.
오른손으로 잡은 꽃들을 왼손으로 차곡차곡 옮기며
조금씩 꽃다발을 완성해갈 때면 가슴이 저릿하고 달콤한 기분이 듭니다.
저는 이 감정을 '설렘'이라는 이름으로 부르고 싶어요.

수없이 많은 계절을 꽃으로 느끼고, 인사하며, 작별을 고했지만
그 시간들이 있어 행복했기에 더 없이 근사했다고 말하고 싶습니다.
설렘의 연속, 플로리스트의 숲입니다.

베이직 레슨

Mini Hand Tied

미니 핸드타이드

예기치 않은 순간 마주하게 된 미니 꽃다발.
어린아이처럼 웃음과 미소가 방긋 터졌습니다.
손길은 가볍게, 꾸미지 않은 순수한 마음으로 하나씩 가지런히 모아주세요.
소중한 선물을 받은 것처럼 두고두고 바라보게 될 거예요
당신을 통해 미소가 번지는 순간, 함께 나눠요 우리.

베로니카

How to Make

재료
베로니카 2대
튤립 3송이
라넌큘러스 3송이
인터레이 장미 3송이
하이페리콤 3송이

도구와 부자재
크라프트 포장지
(가로 50cm, 세로 25cm)
마끈
지철사

1 베로니카 2송이를 높낮이가 다르게 해서 잡아주세요.

2 튤립은 베로니카 위로 높낮이와 볼륨을 주며 배치합니다.

3

인터레이 장미도 튤립 사이사이에 높낮이를 달리해서 놓아주세요.

4

장미 사이에 라넌큘러스를 배치합니다. 이때 꽃의 시선은 다양하게 분산시켜 주세요.

5　하이페리콤 열매의 방향이 다양해지도록 잡아주는데, 꽃을 둘러싸듯 삼각 구도로 배치합니다.

6　크라프트지를 산모양이 되도록 접어주세요.

7 지철사로 고정시킨 꽃다발을 정중앙에 올려놓은 후, 크라프트지 오른쪽 끝을 다발 중앙을 향해 접어줍니다.

8 나머지 왼쪽 크라프트지로 꽃을 둘러준 후 마끈으로 매듭을 지어 마무리 합니다.

Pastel Hand Tied

파스텔 핸드타이드

여성스럽고 고운 핑크 컬러의 꽃들을 모아주세요.
얼굴이 하나하나 돋보일 수 있도록 어레인지해주는 것이 좋습니다.
사랑스러운 핑크를 표현하고 싶다면,
순수한 컬러인 화이트톤의 꽃 매칭이 가장 잘 어울린답니다.

재료
리시안셔스(핑크) 1/2단
리시안셔스(화이트) 1/2단
스위트피 1/2단
유칼립투스 5대

도구와 부자재
바인드 와이어
꽃가위

순서 한눈에 이해하기
틀(유칼립투스) → 덩어리 꽃(리시안셔스) → 얼굴이 작은 꽃(스위트피) 순서로 만든다.

#스파이럴 테크닉[spiral technique]
꽃의 기준점을 잡고 한쪽 방향으로 꽃을 돌려가며 잡는 기술, 나선형 기술이라고도 한다.
핸드타이드의 기본 스킬이자 모든 스킬이라 볼 수 있는 중요한 기술이다. 부케, 다양한 형태의 꽃다발 모두 스파이럴 테크닉을 써서 만든다.

#바인딩 포인트[binding point]
꽃다발을 잡는 기준점을 말하며, 스파이럴을 고정해주는 지존이다.

#컨디셔닝[conditioning]
작품을 만들기 전 꽃들을 최상의 상태로 만들어 주는 것. 핸드타이드 부케 작업 시에는 바인딩 포인트 지점 밑으로 난 잎, 가시들은 제거해준다. 상처가 있거나 짓무른 꽃잎들도 말끔하게 제거한다.

How to Make

1

바인딩 포인트

유칼립투스는 위에서 한 뼘 이상 되는 지점을 잡고, 이 지점을 바인딩 포인트로 정합니다.

2

유칼립투스를 틀로 삼아 그 사이에 핑크 리시안셔스를 한쪽 방향으로 넣어주세요.

3

화이트 리시안셔스도 유칼립투스 사이에 넣고, 유칼립투스로 앞쪽에 틀을 하나 더 만들어 줍니다.

4

4,5 꽃의 높낮이와 시선을 다르게 하면서 볼륨이 생기도록 핑크 리시안셔스와 화이트 리시안셔스를 번갈아가며 한쪽 방향으로 더해주세요.

6 스위트피의 러플 같은 꽃잎이 돋보이도록 리시안셔스 사이사이에 넣어줍니다. 이때도 높낮이가 단조로워지지 않도록 주의하면서 넣어주세요.

7

유칼립투스의 뾰족뾰족한 잎들이 튀어나오도록 넣어주세요.

8

유칼립투스를 꽃다발 바깥쪽에 골고루 배치하여 마치 유칼립투스 틀 안에서 꽃들이 피어난 것처럼 마무리해줍니다.

Vivid Hand Tied

비비드 핸드타이드

강렬한 컬러, 레드를 중심으로 연출한 핸드타이드 부케입니다.
색이 강렬할수록, 그린의 쓰임이 굉장히 중요한데요,
그린 소재를 알맞게 쓰면 꽃들의 자유분방함을 잘 표현해줄 수 있을 뿐만 아니라
메인 꽃들의 얼굴을 더 돋보이게 해주는 아주 훌륭한 역할을 한답니다.

바인딩 포인트

재료	도구와 부자재
다알리아 1단	바인드 와이어
퐁퐁 국화 1단	꽃가위
아네모네 1/2단	
옥스포드 7대	
줄아이비 3줄	
램스이어 1/2단	

How to Make

1 먼저 다알리아 한 송이를 잡아주세요. 위에서 한 뼘 정도의 지점을 바인딩 포인트로 정하고, 그 뒤로 램스이어를 댑니다.

2 1번의 꽃들과 삼각형을 이룰 수 있도록 다알리아를 앞쪽에 넣어 덩어리를 만들어줍니다.

3 다알리아 사이로 아네모네를 넣어주는데, 다알리아보다 얼굴을 높게 넣어주세요.

4 퐁퐁 국화를 양쪽으로 높낮이가 다르게 넣어줍니다.

5

옥스포드를 넣어주세요. 비교적 얼굴이 작고 곡선을 가진 꽃인 옥스포드는 얼굴이 돋보일 수 있도록 높게 빼줍니다.

6

다알리아의 시선을 다양하게 연출하면서 꽃을 추가해주세요. 옥스포드도 더 넣어주면서, 다른 꽃들보다 위에서 달랑달랑하는 느낌으로 연출해줍니다.

7 줄아이비를 넣어줍니다. 줄아이비는 전체척인 잎을 보는 소재로 컨디셔닝을 하지 않는 것이 좋아요.

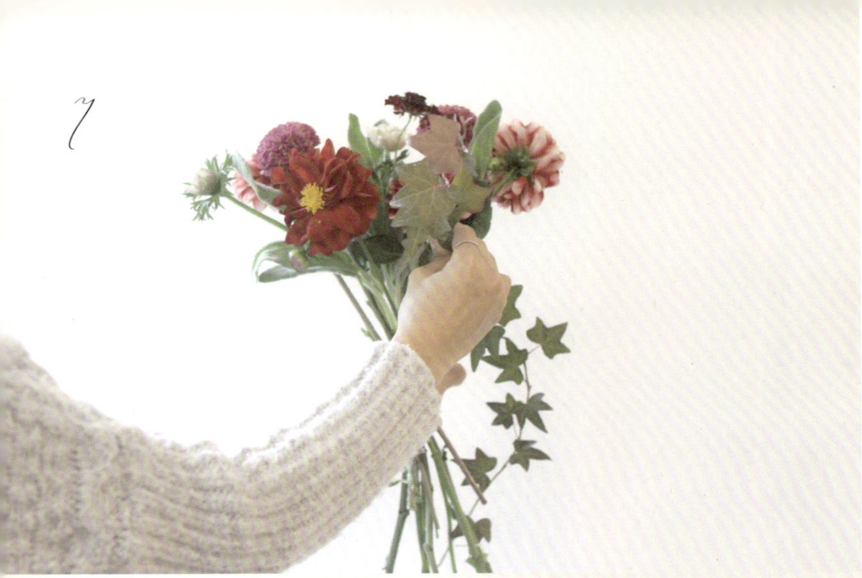

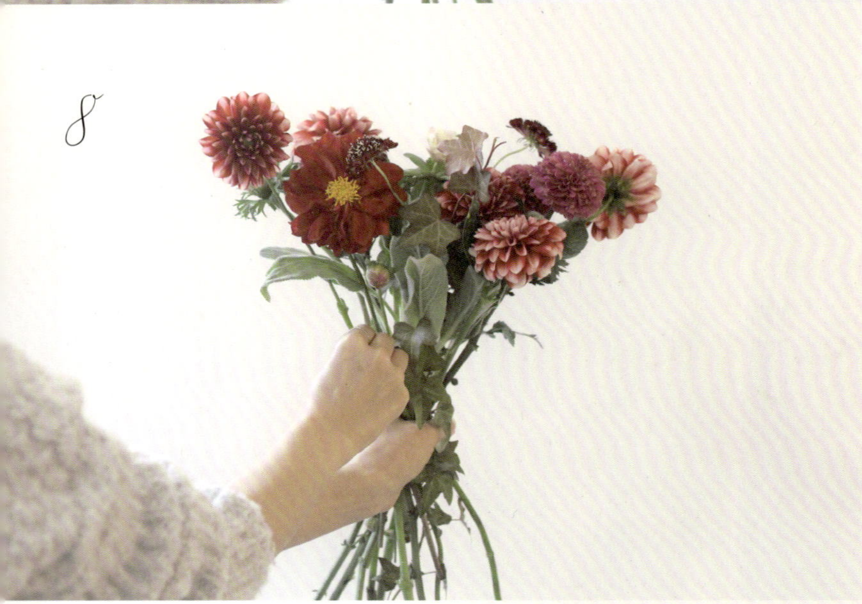

8 큰 얼굴의 다알리아를 높게 넣어주세요. 추가하는 꽃들의 시선을 다양하게 연출해주는 것이 포인트입니다.

9 줄아이비를 꽃들 사이사이에 들어갈 수 있도록 배치해줍니다.

10

줄아이비가 쓰러지지 않도록 퐁퐁 국화 같은 덩어리 꽃으로 앞을 대줍니다.

11

램스이어를 앞뒤로 대주면서 꽃들을 고정시키며 마무리합니다.

3 플라워 바스켓

처음에는 그 무게를 알기 어려울 거예요.
플라워 바스켓을 만들 때는 '오늘은 어느 나라, 어떤 지역의 하나 뿐인 정원을 만들어볼까?' 생각하며
한 송이 한 송이 꽂아가기 때문에, 완성된 후 그 무게가 얼마나 될지 가늠하기가 어렵답니다.
예쁘게 만들어진 플라워 바스켓은 꽤 묵직해서 다들 놀라곤 하는데요,
물을 가득 머금은 오아시스가 그 안을 채우고 있으니 당연히 가벼울 리 있나요.
바구니 속의 오아시스는 꽃들의 생명수이자, 예쁘게 자리 잡은 꽃들이
흐드러지게 필 때까지 보살펴줄 에너지원이지요.
그러니 묵직한 바스켓은 꽃의 아름다움을 담은 므게라고 할 수도 있겠네요.

어쩌면 우리의 인생도 비슷한 것 같아요.
모두들 저마다의 무게를 짊어지고 살아가지만 겉으로 보기엔 알 수 없지요.
하지만 그 무게를 아는 사람은 꽃처럼
색감이 있고, 깊이가 있고, 섬세하고, 아름답게 살아가지요.
삶의 무게가 모두 견디기 힘든 것은 아니에요. 짊어지길 잘했어, 라고 생각할 수 있는
꽃과 같은 아름다움이 우리 인생에도 분명 있으니까요.
그래서 생각합니다.
살아있는 한, 꽃처럼 섬세하고 아름답게 존재하고 싶다고 말이에요

Pastel Flower Basket

파스텔 플라워 바스켓

핑크 수국을 한 아름 담아낸 수국 바스켓.
덩어리 꽃을 볼륨 있게 연출하고,
수국 사이사이에 몽글몽글한 열매 느낌의 소재만 넣어주어도
세련된 바스켓이 탄생되지요.

How to Make

재료	도구와 부자재
수국 4대	바스켓
헬레보루스 1/2단	오아시스
옥스포드 1/3단	꽃가위
스노우베리 1/3단	
아이비 포트 1개	

1 물을 충분히 먹인 오아시스를 바구니 사이즈에 맞게 잘라 준비합니다.

2 수국은 섹션을 잘 분리해서 잘라줍니다.

3. 먼저 수국을 바구니 모서리 4귀퉁이에 넣어주세요.

4 전체적인 볼륨이 생기도록 가운데에 수국을 높게 꽂아줍니다.
   tip 3번에서 꽂아둔 수국과 높낮이를 달리해야 볼륨감을 연출할 수 있어요.
5 수국 사이사이에 헬레보루스를 꽂아줍니다. 이때 꽃의 시선은 다양하게 분산시켜 주는 것이 좋습니다.
6 앞쪽 뿐만 아니라 바구니 뒤쪽에도 헬레보루스를 꽂아줍니다.

7 스노우베리는 몽글몽글한 느낌이 잘 보이도록 튀어나오게 꽂아주세요

8 옥스포드는 앞쪽에 곡선을 살려 떨어지는 느낌이 나도록 넣어줍니다.

9 아이비를 수국 밑에서 자연스럽게 나오도록 연출합니다.

10 아이비를 옆과 뒤쪽에도 길게 연출하여 자연스러움을 강조해줍니다.

Vivid Flower Basket

비비드 플라워 바스켓

화려한 색감의 꽃을 감각적으로 매치하는 방법!
가끔은 컬러의 보색 대비를 활용해보세요.
오렌지, 옐로우의 보색 컬러인 퍼플톤의 꽃들로 포인트를 주면
서로를 돋보이게 해주는 역할을 한답니다.
바스켓 안에서 조화롭게 빛나는 꽃들을 확인할 수 있을 거예요.

호랑이눈 　크루쿠마 　다알리아

재료

클레마티스 1/2단
천일홍 1/3단
헬레니움 1/2단
아스틸베 1/2단
호랑이눈 1/2단
크루쿠마 3대
다알리아 1단

도구와 부자재

바스켓
오아시스
꽃가위

#그루핑[grouping]

한 종류의 꽃을 2~3송이 이상 모아서 꽂아주는 것.

How to Make

1 물을 먹인 오아시스를 채운 바구니에 클레마티스 잎을 전체적으로 듬성듬성 꽂아줍니다.

2 다알리아를 시선과 높이가 다르게 분산해가며 꽂아주세요.

3 다알리아 사이사이에 크루쿠마를 넣어줍니다.

4 덩어리 꽃 중에서도 얼굴이 다소 작은 편에 속하는 호랑이 눈은 다알리아 보다 높게도 꽂아주고, 그루핑을 해서 아주 낮게도 꽂아줍니다.

5. 6 헬레니움은 바람에 날려 하늘하늘한 느낌이 나도록 시선과 높낮이를 다양하게 꽂아 연출해줍니다.
tip 그루핑을 할 때 높낮이를 다르게 넣어주는 것은 필수입니다.

4

5

6

7 낮게 들어간 꽃들 사이로 끝이 뾰족한 아스틸베를 넣어주면서 볼륨을 만들어주세요.

8 천일홍은 아스틸베와 함께 진한 컬러로 포인트를 주는 역할을 하며, 전체적으로 골고루 넣어줍니다.

9 별처럼 생긴 클레마티스는 포인트 꽃으로, 위쪽에서 돋보일 수 있게 어레인지해줍니다.

베이직 패슈

베이직 패슨

Carnation Basket

카네이션 바스켓

감사의 마음을 전하는 꽃, 카네이션.
오늘은 조금 특별한 카네이션 바스켓을 소개해볼까 해요.
바스켓이 모자를 쓴 듯한 느낌을 연출할 수 있는, '햇박스' 디자인입니다.
유니크한 스타일링 덕분에 카네이션이 유독 더 예뻐 보이네요.

How to Make

재료
핑크 카네이션(스프레이) 1/2단
화이트 카네이션(스프레이) 1/3단
유포르비아 3대
왁스플라워 1/5단
더피식물 1포트

도구와 부자재
햇박스 바스켓
오아시스
꽃가위

#스프레이[spray]
줄기 한 대에 가지가 여러 개 나 있어 꽃이 맺힌 절화
예) 스프레이 카네이션, 스프레이 장미(미니 장미) 등

1 뚜껑이 달린 바스켓에 물 먹인 오아시스를 알맞게 잘라 세팅해주세요.

2 뚜껑이 반 정도만 닫힐 수 있도록 오아시스 안쪽에 나무 지지대를 세워줍니다.

3 핑크 카네이션을 낮게 한 송이 꽂아줍니다.

4 그루핑을 지어주기도 하고 높낮이와 시선을 다양하게 연출하면서 카네이션을 꽂아주세요.

101

5 핑크 카네이션 사이사이에 화이트 카네이션을 넣어줍니다.

6 유포르비아는 길게 꽂아 꽃의 얼굴이 보일 수 있도록 합니다.

7 왁스플라워도 꽃망울이 잘 보이도록 카네이션 사이사이에 꽂아주세요.

8 더피는 어레인지된 꽃들의 받침대 역할이자 그린 소재 역할을 합니다.

9 더피를 길게 길게 시선을 분산시키며 넣어주면 완성입니다.

8

9

110

Vase Arrangement

4
화병꽂이

'앉은 곳이 꽃자리' 라는 말이 있습니다.
지금 내가 있는 이 자리가 동산이고 꽃밭이라는 뜻이지요.
지금 눈앞에 놓인 화병이라는 동산 안에 꽃이 가진 다양한 감정의 이야기를 실어보세요.
꽃은 사람과 같아서 키가 작고 큼을 자연스럽게 표현할 수도 있고,
앞모습, 옆모습, 뒷모습이 각각 다양한 표정을 지니며
유아기에서 노년기까지 인생을 보여주듯 다채로운 시간의 변화를 표현할 수 있답니다.

한 송이 한 송이씩 화병에 담기는 꽃들을 바라보고 있자면
꽃 하나하나가 담고 있는 이야기가 얼마나 많은지,
이 꽃이 나에게 오기까지 얼마나 많은 일은 일이 있었는지
작은 봉우리부터 활짝 만개한 황홀한 꽃송이 하나하나까지 마음이 간답니다.
아름다움을 넘어 신비롭기까지 한 자연의 색감과 형태.
이런 것이 한데 모이면 비로소 아름다운 꽃밭이 만들어지지요.

당신이 앉은 꽃자리는 어떤가요?
어떤 모습의 꽃밭이어도 좋습니다.
꽃이 피어나고 시들기까지 그 아름다운 모습을
찬찬히 보며 마음에 꼭 담아주세요.

Ombre Styling Arrangement

그림자 스타일 화병꽂이

오늘은 노랑노랑한 아이들이 보고 싶은 날!
점점 컬러가 짙어지는 그러데이션 느낌을 꽃으로 표현해보세요.
뚜렷한 경계를 구분지어주기 보다는 자연스럽게 이어지는 느낌을 최대한 살려
어레인지해주면 꽃만으로도 생동감 넘치는 연출이 가능하답니다.
밋밋한 테이블이 화사해지는 걸 눈으로 확인하는 순간! 기분도 밝고 경쾌해질 거예요.

재료	도구와 부자재
퐁퐁 국화 3대	투명 화기
라넌큘러스 1/2단	꽃가위
스프레이카네이션 1/3단	투명 테이프
투베로사 3대	
파라노무스 2대	
화이트 호접난 2대	

How to Make

1. 투명 테이프를 이용해 화병 윗부분에 꽃을 지지할 수 있는 틀을 만들어줍니다.

2. 먼저 화병의 왼쪽 부분에 퐁퐁 국화를 높낮이와 시선이 다르도록 주의하며 그룹을 지어 넣어주세요.

#그림자 스타일[ombre styling]
색의 농도가 짙어지는 것을 점차적인 변화로 표현해주는 플라워 스타일링
예) 화이트 → 옐로우 → 오렌지

3 퐁퐁 국화 옆으로 라넌큘러스를 앞뒤로 넣고, 호접난을 시선이 위로 가도록 넣어주세요.

4 라넌큘러스는 볼륨이 살아나도록 그룹을 지어줍니다.

5 카네이션은 화병의 오른쪽 부분에 위치하도록 높낮이를 다르게 하며 꽂아줍니다.

6 카네이션 사이에 투베로사가 튀어나오도록 넣어주세요.

7 파라노무스는 앞뒤로 시선을 다르게 하여 넣어줍니다.
8 포인트로 쓰일 호접난을 퐁퐁 국화 윗부분에 넣어 우아함을 강조합니다.
9 화이트와 옐로우 경계 부분에 라넌큘러스를 높게 넣어 볼륨감을 만들어주세요
10 전체적인 밸런스가 맞춰지도록 꽃들의 얼굴을 확인하며 마무리합니다.

Jug Styling

저그 스타일링

저그에 꽃을 어레인지하는 화병꽃이입니다.
플로랄폼에 꽂는 형태보다는 다소 쉽게 느껴 질 수도 있지만
소재의 쓰임을 파악하고 하나하나 돋보이게 하기 위한 고난이도 스킬이 필요하지요.
꽃이 가진 곡선의 아름다움을 가장 잘 표현할 수 있는 작품이기도 합니다.
나풀나풀, 하늘하늘거리는 조팝이 정말 사랑스럽죠?

How to Make

재료	도구와 부자재	# 소재의 역할 분담	# 저그(jug)
설유화 1/2단	저그	라인 역할 : 설유화, 조팝	액체를 담아 부을 수 있게
조팝 1/2단	꽃가위	덩어리 역할 : 조팝, 목수국	주둥이가 있고 손잡이가
목수국 2단			달린 병.

1 전체적인 틀을 잡아주기 위해 곡선이 있는 설유화를 저그와 1:1 비율의 높이만큼 꽂아줍니다.
   tip 가장 높게 들어가는 부분이기 때문에 1:1 비율보다 조금 높아져도 괜찮습니다.
2 저그의 왼쪽 부분도 설유화를 이용하여 라인을 잡아줍니다.

3 조팝의 꽃들이 돋보일 수 있게 라인이 밑으로 떨어지도록 시선을 잡아준 후 저그 앞쪽에 꽂아주세요.

4 조팝은 라인과 덩어리 역할을 동시에 갖는 소재이므로 시선을 앞뒤로 분산시켜가며 꽂아줍니다.

5 목수국은 가지에 여러 개의 꽃이 붙어 있으므로 섹션을 잘 나눠 잘라서 활용합니다.

6 목수국을 앞쪽에 넣어 볼륨감을 만들어주세요.

7 양쪽에 들어가는 목수국의 높낮이는 다르게 연출합니다.

8

뒤쪽에도 목수국을 잊지 말고 꽂아줍니다. 목수국은 덩어리 역할을 하는 꽃이지만 길게 튀어나오도록 꽂는 것이 전체적인 밸런스를 맞출 수 있습니다.

9

소재들의 시선이 다양하게 분산이 되었는지, 꽃의 볼륨이 리드미컬한지 확인합니다.

Wine Bowl Decoration

와인잔 데코레이션

마주 앉은 그대와 나.
도란도란 이야기를 나눌 수 있는 공간을 아름답게 채워줄 플로랄 데코레이션.
상대방과 눈빛을 교감하고 나눌 수 있도록 높이감이 있는 화기를 선택합니다.
아래에서 올려다보는 꽃의 모습도 아름다워야 하겠지요?
꽃이 주는 시선의 자유분방함을 눈여겨 봐주세요.

How to Make

1 오아시스에 물을 충분히 먹이고 받침대에 고정시킨 후 와인잔에 넣어줍니다.

2 먼저 튤립을 꽂아주세요.

재료	도구와 부자재	#화병꽂이 스타일링
테이토나 튤립 1단 이리스카 장미 1/2단 옥스포드 1단 아디안텀 식물 1포트	와인잔 오아시스 꽃가위	1. water : 물꽂이 2. floral foam : 오아시스꽂이

3 튤립의 높낮이를 다르게 분산하며 꽂아줍니다.

4 튤립 사이사이에 장미를 낮게 그룹지어 꽂아주세요.
tip 장미의 몽우리도 같이 써야 더 자연스러워요.

5 장미의 시선이 다양하게 연출되도록 주의하면서, 화병 뒤쪽도 채워줍니다

6 옥스포드를 꽂아줍니다. 길고 짧게 다양한 시선으로 넣어주는 것이 포인트입니다.

7

옥스포드로 그룹을 지어
주세요. 그루핑을 할 때는
높낮이를 다양하게 연출
하는 것이 중요합니다.

8

아디안텀을 꽃들 사이사
이에 끝이 튀어나오도록
꽂아줍니다.

9

아디안텀의 방향이 아래와 위를 골고루 향하도록 하면서 라인을 살려 최대한 자연스럽게 연출해줍니다.

10

작품에서 전체적인 모양새가 갖춰지기 위해서는 꽃의 시선과 높낮이가 과감해야 합니다. 꽃들이 자연스럽게 잘 표현되었는지 확인합니다.

Special Lesson
스페셜 레슨

너는 그래서 신비롭고
너는 그래서 아련하고
너는 그래서 매력적이다

1
테이블 데코레이션

내가 너무 너무 좋아서 하는 일이 가끔은 세상에서 가장 어려운 일이 되기도 합니다.
어느 날 로즈를 손질하면서 마음이 가시가 박히고
장미가 피고지기를 수십 번.
그렇게 한참을 참아내다 보면 항상 내 곁에 머물러 있는 꽃을 발견하게 되지요.
어느 날에는 활짝 웃으며 잘 따라와 준 꽃들에게 고맙다고 인사를 하기도 합니다.
결국 언제나 꽃을 통해 위안을 받고 있는 자신을 만나게 되는 것 같아요.

누구나 삶이 늘 좋기만 한 건 아니잖아요.
가끔 지치고 힘이 들 때가 있을 거예요.
꽃이 있어 조금이나마 위안 받을 수 있다면,
마음의 안식처를 제공해보는 건 어떨까요?
거창하지 않아도 괜찮아요. 작은 행동 하나면 충분해요.
테이블에 예쁜 꽃 한 송이를 꽂아 보기도 하고,
식물 잎에 물 스프레이를 하면서 또르르 떨어지는 물방울과 마주해보기도 하고,
그렇게 일상의 설렘이 쌓여갈 즈음 직접 꽃시장을 방문해보는 것도 아주 좋은 생각이지요.
설렘이 가득한 순간들이 더 많아지고,
그렇게 나와 마주하는 모든 일상이 아름다워지기를
바라고 또 바랍니다.

Frame Decoration

프레임 데코레이션

철제 프레임을 활용한 유니크한 테이블 데코레이션입니다.
그린의 풍성함 사이에 꽂힌 밝은 빛의 꽃송이들.
테이블의 허전함을 청량하게 채워주는 이 스타일링은
어떠한 요리와도 잘 어울릴 거예요.
화사한 꽃 덕분에 분위기도 달달한 무드에 취하게 될 것 같네요.

재료	도구와 부자재
스마일락스 1줄	철제 프레임
붐바스틱 장미 3대	오아시스
양귀비 1/4단	꽃가위
코랄펀 1/3단	

How to Make

1 뭉쳐 있는 스마일락스는 한가닥씩 풀어 잘라서 사용합니다.

2 오아시스의 위, 아래, 옆 3면에 스마일락스를 꽂아주세요. 특히 오른쪽 옆면은 프레임보다 10cm 이상 길게 연출합니다.

3 프레임을 기준으로 높고 낮게 자연스러운 라인이 생길 수 있도록 꽂습니다.

4 활짝 핀 붐바스틱 장미를 센터에 낮게 꽂아주세요.

5
장미의 몽우리를 길게 꽂으며 높낮이를 달리하여 그룹을 지어줍니다.

6
앞쪽뿐만 아니라 양 옆면에도 장미를 낮게 넣어줍니다.

7
센터에 들어가는 양귀비는 장미보다 더 높이 꽂습니다.

8
양귀비의 몽우리를 스마일락스 사이에 시선을 달리하여 꽂아주고, 뒤쪽에 쓰이는 몽우리는 프레임보다 높게 꽂아줍니다.

9 코랄펀의 길이는 짧거나 길게 다양하게 잘라주세요.

10 스마일락스와 조화를 이루며 자연스러운 느낌이 나도록 연출해줍니다.

Flowers Cake

플라워 케이크

"먹지마세요, 꽃에게 양보하세요"
상큼달콤할 것 같은 플라워 케이크는
디저트 플레이팅에 활용하면 좋은 아이템입니다.
자칫하면 편평하고 밋밋해 보일 수 있으니
옹기종기 모아 꽂은 꽃들에게도 다양한 시선과 높낮이를 주어야 해요.
몽글몽글한 아이들이 정말 사랑스럽죠?

재료

퐁퐁 국화 2단
오션미카도 1/2단
천일홍 1/4단
헬레보루스 1/3단
베고니아 2단

도구와 부자재

오아시스
지철사
케이크 스탠드
꽃가위

#U핀 처리[wire technique]

지철사를 2cm로 자른 후, U자로 만들어 오아시스에 고정시키는 와이어 기술. 넓적한 잎을 고정하는 데 쓰인다.

U핀

How to Make

1 U핀 처리를 이용해 베고니아를 오아시스의 테두리 4면에 고정합니다.

2 스퀘어 라인이 무너지지 않도록 주의하면서 사각 틀안에 풍풍 국화를 그룹핑해줍니다.

3 오션미카도 장미는 옆 꽃들과 높낮이를 달리하며 빈 공간을 채워줍니다.

4 헬레보루스는 시선을 다양하게 넣어주고 몽우리는 다른 꽃들보다 높게 꽂아줍니다.

5 퐁퐁 국화 사이에 천일홍을 길게 넣어 살랑살랑 거리는 느낌을 연출해줍니다.

6 스퀘어 형태가 잘 갖춰졌는지 확인합니다.

Welcome Flowers

웰컴 플라워

높이감이 있는 화기에 꽃을 꽂는 플라워 스타일링입니다.
웰컴 플라워는 로비 장식, 손님맞이용 테이블 데코레이션에 적합한데요.
같은 계열 톤의 꽃이라도 꽃의 질감과 형태에 따라 각각 다른 느낌을 자아낸답니다.
함께했을 때 더 풍부해진 컬러감을 연출할 수 있게 되는 거죠.
우아한 퍼플의 매력에 빠져볼까요?

How to Make

1 먼저 히야신스를 시선이 다양하도록 꽂아주세요.

2 히야신스 사이에 다알리아를 낮게 꽂아줍니다. 다알리아의 시선은 위와 아래를 골고루 향하도록 해주세요.

재료
히야신스 1단
다알리아 1단
반다 1단
아네모네 1/2단
스카비오사 1/2단
베로니카 1단
클레마티스 1/2단
트리안 포트 1개

도구와 부자재
높이가 있는 화기
오아시스
꽃가위

3 오아시스의 빈 부분에 반다를 넣어 공간을 메워줍니다. 이때 반다의 높낮이를 다양하게 하는 것이 중요하며, 시선 또한 겹치지 않도록 연출해줍니다.

4 다알리아를 높게 꽂아 볼륨을 살려줍니다.

5 아네모네를 넣고, 반다는 큰 얼굴이 보일 수 있도록 센터에 꽂아줍니다.

6 스카비오사는 하늘거림을 강조하기 위해 길게 써주는 것이 좋습니다.

7

8

7 스카비오사 몽우리를 낮고 높게 그룹을 지어 넣어줍니다.

8 베로니카를 사이사이 넣어 뾰족한 라인의 느낌을 연출해주세요.

9 클레마티스의 곡선은 자연스러움을 연출하는데 쓰이므로, 다른 꽃들보다 길게 써줍니다. 위에서 아래로 떨어지는 클레마티스의 느낌은 작품에서 자연스러움을 강조하는데 아주 중요한 요소입니다.

10 트리안은 가위로 줄기를 잘라줍니다.

11 자유분방함이 드러날 수 있도록, 트리안을 꽃 사이사이에 넣어주며 마무리합니다.

Self Wedding Styling

2
셀프 웨딩 스타일링

Wedding day, 행복으로 가득할 날들의 시작을
아름답게 기억할 수 있는 꽃이 되기를 바라는 마음으로 만드는 부케.
핑크빛 뺨처럼 수줍게, 가녀리고 향기롭게, 사랑스럽고 달콤하게,
세상 가장 아름다운 말들로도 표현하기에 부족한,
언제나 온 마음을 다해 만들게 되는 부케입니다.
간절한 마음의 따뜻한 온도로 꽃들에게 애정을 담는다면
누군가의 오늘이 더욱 더 향기롭게 기억될 수 있지 않을까 생각해봅니다.
누구보다 아름답고 빛나길 바라는 마음을 담아 그녀의 손에 부케를 안겨주세요.
꽃으로 물든 뜨거운 마음과 함께.

스페셜 레슨

180

Pastel Bouquet

파스텔 부케

부케는 뭐니뭐니해도 사랑스러운 핑크가 진리지요.
솜사탕처럼 보드라운 느낌의 로즈와
바람을 따라 살랑살랑 춤을 추는 아스틸베가 만났습니다.
좀 더 사랑스럽고 수줍게 다가가볼까요,
오늘은 소녀감성에 취하기 좋은 날입니다.

How to Make

1

재료	도구와 부자재
윗트 로즈 1단	꽃가위
아스틸베 1단	와이어
	화이트 망사 리본
	진주핀

1 윗트 로즈는 가지가 여러 개 나 있는 장미이므로 부케의 틀을 만들어가며 잡아줍니다.
(스파이럴 테크닉은 59페이지 참조)

2 윗트 로즈 사이로 아스틸베를 튀어나오게 넣어주세요. 이때 높낮이를 달리하여 볼륨을 만들어줍니다.

3 1~2번 과정을 번갈아가며 반복합니다. 이때 꽃의 얼굴 하나하나가 돋보일 수 있도록 정리해주는 것이 좋습니다.

4 꽃의 흐름이 리드미컬하게 되었는지 체크해가면서, 부케의 볼륨을 만들어주세요

화이트 망사 리본으로 밴딩을 해 줍니다. 먼저 약 10cm 정도로 자른 리본으로 줄기를 감싸줍니다.

다시 40cm 정도 길이의 망사 리본으로 밴딩 가장 밑 부분에 매듭을 지어줍니다.

7 보우가 하나인 리본으로 묶어주세요

8 리본 중앙과 밴딩 군데군데에 윗트 로즈의 꽃송이만 잘라 진주핀으로 고정시켜 마무리합니다

Vivid Bouquet

비비드 부케

매력적인 컬러, 버건디 와인 부케.
고혹적이면서도 우아하지요.
시선이 자유분방한 꽃들의 움직임은
더할 나위 없이 신부를 눈부시고 아름답게 만들어 줄 거예요.

재료	도구와 부자재
아네모네 1단	꽃가위
버건디 라넌큘러스 1/2단	오아시스 테이프
일본 라넌큘러스 3송이	리본 2가지
	(무늬, 기본)

How to Make

1 먼저 아네모네를 잡아주세요. 아네모네 3송이를 높낮이, 시선이 다르게 스파이럴 테크닉을 이용해 잡아 줍니다. (스파이럴 테크닉은 59페이지 참조)

2 버건디 라넌큘러스를 아네모네보다 높게 넣어줍니다.

3 아네모네와 버건디 라넌큘러스를 번갈아가며 한송이씩 잡아줍니다. 이때 높낮이를 다르게 넣어주는 것이 포인트입니다.

4 일본 라넌큘러스 3송이도 뭉치지 않게 분리하여 넣어줍니다.

5

라인이 살아 있는 버건디 라넌큘러스의 몽우리를 대어 자연스러움을 표현해주세요.

6

부케의 바인딩 포인트 지점을 오아시스 테이프로 고정해줍니다.

7

부케 밴딩은 2가지 리본으로 고정하는데, 먼저 무늬가 있는 리본으로 줄기를 감싸줍니다.

8

무늬→기본→무늬 리본의 순서로 밴딩을 해주면 완성입니다.

Silk Flower Crown

조화 화관

가끔은 잔잔한 꽃들보다, 큰 꽃들이 유독 아름다워 보일 때가 있어요.
큰 꽃이 모인 화관이지만, 과하지 않아요.
화이트 컬러가 주는 깨끗함과 클레마티스의 청초함이 함께 어울려
여성스러움이 진하게 배어나오니 말이에요.

How to Make

1

재료	도구와 부자재	#로핑[roping]
조화 클레마티스 1단 로핑	와이어 플로랄 테이프 화이트 오간디 리본	조화로 구성된 줄. 와이어로 되어 있어서 화관의 틀을 제작할 수 있다.

1 얼굴이 큰 꽃과 로핑을 준비합니다.

2 머리 둘레에 맞게 로핑의 모양을 잡아주세요.

3 클레마티스를 줄기채 잘라 와이어로 감아 고정해줍니다.

4 와이어가 보이지 않게 플로랄테이프로 깔끔하게 마감합니다.

5

꽃의 시선이 다양하게 보일 수
있도록 구성하면서 3~4번의 과
정을 반복합니다.

6

꽃으로 로핑을 채운 후 클레마티
스의 잎을 꽃 사이사이에 넣어
자연스럽게 연출해줍니다.

7 화이트 오간디 리본 두 줄을 잡고 화관의 뒷부분 가운데에서 매듭을 지어 묶습니다.

8 꽃잎이 찌그러지거나 뭉쳐 있는 부분이 있는지 확인하고 정리해줍니다.

Home Dressing

3
홈 드레싱

마치 속마음을 들킨 듯, 기대하지 않은 순간에
마음속으로 되뇌었던 꽃을 마주칠 때가 있습니다.
이런 날은 꽃을 사들고 돌아오는 발걸음이 가볍고 가벼워서
하루 종일 구름 위로 둥실둥실 떠다니는 느낌이 들죠.
그리고는 신나게 무언가를 뚝딱뚝딱 만들게 됩니다.
이런 게 힐링이고 행복일 테지요.
지친 마음을 다스리고 싶을 때,
든든한 누군가에게 속마음을 툭툭 털어놓고 싶을 때,
꽃이 나의 이야기를 하나하나 들어주는 최고의 친구가 될 수 있어요.
오늘부터 좋은 친구 하나씩 만들어 보는 건 어떨까요?

Dry Flower Mimosa Wreath

드라이플라워 미모사 리스

본연의 컬러를 잃지 않고 예쁘게 드라이되는 꽃이 있어요.
미모사의 돋보이는 샛노란 컬러와
몽글몽글 솜털 같은 형태는 정말 사랑스럽답니다.
그 매력을 한껏 살려 리스를 만들어보았습니다.
오래오래 예쁜 모습을 간직할 수 있다니 얼마나 좋은가요.

How to Make

재료	도구와 부자재
20cm 라운드 리스틀	꽃가위
미모사 1/2단	마 리본

1 지름 20cm 리스틀을 준비합니다. 우선 10시~2시 방향의 구간은 남겨두고 꽃을 꽂아줍니다.

2 이때 미모사는 3~5cm 정도로 적당한 덩어리 느낌으로 잘라주세요.

3 리스가 입체적으로 보이기 위해서는 꽃의 시선을 다양하게 분산시켜주는 것이 포인트입니다. 꽃을 군데군데 꽂아넣어 전체적인 틀을 만들어줍니다.

4 리스의 4시, 8시 방향의 미모사는 10cm 이상의 길이로 넣어주세요.

3

4

5 두 구간에 들어가는 미모사의 길이는 약간씩 차이를 두는 것이 좋습니다.
6 2~3cm 정도 길이의 미모사를 리스 빈 부분에 촘촘히 채워줍니다.
　이때 미모사의 잎도 함께 넣어주며 자연스럽게 연출합니다.
7 12시 방향에 마 리본으로 매듭을 지어 묶어주세요.
8 중간에 빈곳이 없는지 확인하고 마무리합니다.

7

8

Triangle Hanging Wreath

트라이앵글 행잉 리스

흔한 겨울 리스는 이제 그만!
겨울에 흔히 볼 수 있는 나뭇가지를 활용하여
시크한 매력의 리스 연출이 가능하다는 것을 아시나요?
나뭇가지 위에 드라이소재 열매와, 시나몬 스틱을 달아보세요.
우드 느낌이 물씬 나는 내추럴한 리스가 탄생할 거예요.

How to Make

재료
향나무 2대
산동백 1대
시나몬 스틱 5개

도구와 부자재
무광 주자 리본(브라운)
지철사
글루건

1 리스의 지지대가 될 향나무를 45~50cm 정도로 잘라 준비합니다.

2 주자리본 100cm를 반으로 접어 매듭을 묶어주세요. 이 매듭은 트라이앵글 리스의 중앙에서 고리가 되는 꼭지점 부분입니다.

3 2번 매듭의 위치를 기준으로 리본을 하나씩 1번 지지대 양쪽 끝에 묶어줍니다.

4 리본의 고리부분과 지지대가 삼각형 모양이 되도록 펴줍니다.

5 향나무를 10~15cm 길이로 잘라 리스틀의 구조물을 만들어봅니다.

6 덩어리 느낌의 향나무를 양쪽에 넣어 풍성해질 수 있도록 배치하며 구조물을 완성합니다.

7 배치한 향나무와 지지대 향나무를 지철사를 이용해 고정합니다.

8 글루건을 이용해 향나무 사이사이에 시나몬 스틱을 붙여줍니다.

9 산동백의 몽우리들이 돋보이도록 글루건으로 붙여 장식하고 마무리합니다.

Silver Label Mini Tree

실버 라벨 미니 트리

초록색 나무에 알록달록 오너먼트가 달린 트리도 좋지만,
이번 겨울에는 드라이플라워만으로도 블링블링함이 가득한
실버 라벨 미니 트리는 어떨까요?
더 유니크하고요, 센슈얼한 무드가 가득하지요.
시간이 지나면서 드라이플라워의 빈티지함을 보는 재미도 쏠쏠할 거예요.
실버 라벨 트리와 색다른 겨울맞이 함께해요.

How to Make

재료
코치아 1단
자이언트 유칼립투스 1/2단
드라이 레몬잎 1/2단

브루니아(大) 1단
브루니아(小) 1/2단
깃털 1/2 묶음

도구와 부자재
트리용 화기
오아시스

#속박이
거의 작품 막바지에 사용되며, 오아시스가 보이지 않게 해주는 작업으로 그린 소재의 길이를 짧게 잘라 넣어주는 것.

1 오아시스의 면을 사각뿔이 되도록 깎은 후 코치아를 위에서 한 뼘 정도 꽂아 트리의 꼭짓점을 만들어 줍니다.

2 10cm 길이로 자른 코치아를 사각뿔 밑바닥 4면에 꽂아 틀을 만들어주세요.

3 사각뿔 옆견 중간 지점에 자이언트 유칼립투스를 꽂아줍니다 이때 7장 윗부분의 꼭짓점과 과정 2번의 꼭짓점들이 매끄럽게 연결될 수 있도록 높이를 맞춰 꽂는 것이 중요합니다.

4 사각뿔 밑바닥 모서리에도 자이언트 유칼립투스로 틀을 만들어 공간을 채워줍니다.

5 3번과 4번 사이에 생긴 공간을 자이언트 유칼립투스로 채워 전체적인 틀을 잡아주세요.
6 틀을 만들고 난 후 비어 있는 공간을 큰 브루니아로 채워줍니다.
7 작은 브루니아를 사이사이 넣어줍니다.
8 가장 윗부분 꼭짓점에서 밑으로 떨어지는 라인이 자연스러워지도록 코치아를 넣어줍니다. 이때 가장 윗부분 꼭짓점에 있는 코치아보다 1~2cm 낮게 높이를 잡아주는 것이 좋습니다.
9 트리의 라인을 맞춰가며 중간 중간 코치아 끝이 보이도록 꽂아주세요.
10 드라이 레몬잎을 속박이로 넣어 오아시스가 보이는 공간을 메꿔줍니다. 이때 레몬잎은 속박이 용도이지만 높낮이와 시선을 달리하여 넣어주면, 전체적으로 자연스러운 느낌을 연출할 수 있습니다.
11.12 글루건으로 접착제를 깃털 안쪽에 발라준 후 살랑살랑한 느낌이 나도록 트리 장식을 해주면 완성입니다.

Green Lifestyle
그린 라이프스타일

꽃놀이,
꽃의 이야기를
하나하나
들어주는 일

그린 라이프스타일

what?
다육식물(succulent plant)

다육식물은 땅 위로 나온 줄기나 잎에 많은 양의 수분을 저장하고 있는 식물입니다.
사막이나 높은 산 등 비가 잘 오지 않아 수분이 적고,
건조한 날씨의 지역에서 살아남기 위해서지요.
대표적인 다육식물로는 선인장이 있습니다.

where?
햇빛이 잘 들고 통풍이 잘 되는 곳

다육식물은 햇빛이 잘 드는 곳에서 키우는 것이 좋습니다.
하루 3~4시간은 볕이 있는 곳에서 관리해주는 것이 좋으며,
조명 빛에도 반응을 하므로 조명 밑으로 식물을 옮겨주는 것도 방법입니다.
다만 여름철에는 직사광선에서의 장시간 노출은 피해주어야 하며,
추위를 많이 타는 식물이라 겨울철에는 실내로 옮겨주어야 합니다.
실내에서 키울 때는 통풍이 잘 되게 해주세요.

how?
물은 4주에 한 번 정도

다육식물의 물주기는 보통 4주에 한 번이 적당합니다.
더 좋은 방법은 식물의 상태를 확인해 가면서 주는 것입니다.
화분의 흙이 말라 있을 때, 잎이 쪼글쪼글해졌거나 오그라들었을 때 물을 주세요.
식물에게도 적절한 물주기 때를 인식시켜주어야 합니다.
너무 물을 자주 주면 뿌리가 썩을 수 있고,
그 주기를 인식한 식물이 계속 목말라 하므로 건강하게 자랄 수 없습니다.
특히 다육식물의 경우 물을 많이 주면 수분을 머금고 있는 잎들이 물러져 떨어지는 현상이 발생합니다.
따라서 적당한 주기를 정해 한 번 물을 주실 때 듬뿍 주는 것이 좋습니다.
다육식물은 추위에 약한 식물이므로 겨울철 섭씨 0도 이하의 기온에서는
뿌리가 어는 것을 방지하기 위해 물을 주지 않는 것이 바람직합니다.

Mini Gardening

미니 가드닝

다육식물을 심어 작은 정원을 꾸며보는 레슨입니다.
식물심기도 꽃꽂이와 같다고 생각하는 게 좋아요
그루핑을 해주기도 하고, 높낮이를 다양하게 주어야
더 아늑한 정원을 만들어줄 수 있답니다

재료

다육식물
(대품 1개, 중품 1개, 소품 4개)
배양토
마사토
비단이끼

에그스톤(소)
기린 피규어
등산객 피규어
밀짚모자
나무푯말

도구와 부자재

자동차 화기
모종삽
미니 모종삽
핀셋
장갑

에그스톤 비단이끼

배양토 마사토

#배양토
가정에서 쉽게 사용할 수 있도록 여러 가지 흙을 비율에 맞게 혼합한 것.

#마사토
입자가 아주 작은 자갈.

#비단이끼 사용법
물을 채운 수조에 이끼가 촉촉해질 때까지 충분히 담근 후 사용한다.

How to Make

1 자동차 화기에 배양토를 1/4 정도 채워주세요.
2 크기가 가장 큰 대품 다육식물을 오른편 뒤쪽 모서리에 자리잡아 줍니다.
3 중품 다육식물은 왼편 뒤쪽 모서리에 넣고 배양토로 뿌리를 고정해주세요.
4 높낮이를 주기 위해 소품 1번은 대품에 가깝게 그룹지어 넣어줍니다.

5 소품 2번을 왼편 앞쪽 모서리에 자리잡아 주세요.

6 소품 3번은 소품 2번과 그룹지어 넣어줍니다. 옆에 위치하지만 약간 뒤쪽으로 밀린 듯 넣어 자연스러움을 연출하는 것이 포인트입니다.

7 앞쪽 오른편 모서리에 소품 4번을 넣고 배양토로 고정해줍니다.

8 배양토를 다지듯이 잘 눌러주세요. 이렇게 해야 화기에 자리잡은 다육식물들의 뿌리가 고정되고, 식물이 잘 자랄 수 있는 환경을 만들어주게 됩니다.

9 배양토가 보이지 않도록 마사토를 고슬고슬 뿌려줍니다. 식물 사이사이의 틈새도 깔끔하게 모두 메워주세요.

10 물에 적신 비단이끼를 작은 동산을 만드는 느낌으로 군데군데 넣어줍니다.

11 에그스톤을 다육식물과 비단이끼 옆에 데코해주세요.

12 동물 피규어와 사람 피규어로 공간 연출을 해줍니다.

13 나무푯말에 'garden'이라고 적어 꽂아주세요.

14 중품 다육식물에 밀짚모자를 씌우고 데코를 마무리합니다.

Terrarium

테라리움

밀폐된 유리 그릇 혹은 유리병 안에 식물을 심는 것을
'테라리움'이라고 합니다.
각기 다른 사이즈의 식물을 준비하고, 다양한 소품을 활용하면
좀 더 특별한 유리 정원을 만들어 줄 수 있을 거예요.

재료	도구와 부자재
다육식물(대품 1개, 중품 2개, 소품 4개)	유리 화기
배양토	모종삽
마사토	장갑
비단이끼	핀셋
에그스톤(대, 소)	
팬더 피규어	
밀짚모자	
농기구	
나무푯말	

How to Make

1 유리 화기는 뚜껑을 뒤쪽으로 열어놓은 상태로 안쪽의 1/5 정도로 배양토를 채워주세요.

2 먼저 대품 다육식물을 화기 뒤쪽 모서리에 넣어줍니다.

3 가시가 있는 다육식물은 포트의 밑 부분을 눌러가며 조심히 빼주세요.

4 중품 1번과 2번을 대품과 나란히 옆으로 넣고 배양토로 뿌리를 고정해줍니다.

5 소품 1번을 중품들과 그룹이 되도록 넣어줍니다.

6 화기 앞줄에 나머지 소품 다육식물을 채워주는데 소품 2번의 위치는 대품과 중품 사이에 둡니다.

7 (화기를 앞으로 돌린 모습) 소품 3번과 4번의 위치를 앞줄에 잡아주되, 소품 2번과 일렬이 되지 않도록 자리를 잡아주세요. 뿌리를 고정시키기 위해 배양토를 다지듯이 꾹꾹 눌러줍니다.

8 배양토가 보이지 않을 정도로 마사토를 골고루 뿌려줍니다.

9 물에 충분히 적신 비단이끼를 준비합니다.

10 비단이끼를 동산 모양으로 볼륨을 잡아 군데군데 넣어주세요.

11 사이즈가 다른 에그스톤을 준비합니다. 큰 에그스톤은 대품 뒤로, 작은 에그스톤은 소품 사이사이에 그룹을 지어 넣어주세요.

10

11

12 팬더 피규어가 자연스럽게 마주보도록 식물 사이에 놓아줍니다.

13 중품 다육식물에 밀짚 모자를 씌워 데코해주세요.

14 'garden'이라고 적은 나무푯말을 꽂아줍니다.

15 농기구 소품을 장식하여 데코를 마무리합니다.

16 유리화기 뚜껑을 닫으면 팬더의 집 테라리움이 완성됩니다.

256

Kitchen Garden

키친 가든

빈 벽면과 액자만 있으면 내추럴한 분위기의 행잉 가든을 연출할 수 있어요.
요리에 사용하는 허브를 키친에 두고 활용해보세요.
쉽고 간편하게 테이블 데코레이션도 만들 수 있으니
키친 가든으로 좀 더 밝고 향기롭게 다이닝 공간을 빛내보는 건 어떨까요?

How to Make

재료	도구와 부자재	#키친 가든(kitchen garden)
로즈마리(중) 1포트 아이비식물 1포트 시험관 4개 색돌	꽃가위 와이어 마끈	허브와 수경식물을 이용한 그린 인테리어. 실생활에서 유용하게 쓸 수 있는 허브 미니 리스, 빈 벽면과 액자로 만드는 내추럴한 분위기의 행잉 가든 등이 있다. 허브 미니 리스는 손님맞이용 컵받침이나 접시 데코로도 활용이 가능하다.

1 먼저 허브 미니 리스에 쓰일 로즈마리를 4줄기 잘라줍니다.

2 로즈마리 2줄기를 맞대어 와이어로 고정해주세요.

3 같은 방식으로 총 4줄기를 이어 라운드를 만들고, 마끈으로 아래쪽을 묶어 데코해줍니다.

4 드라이가 가능한 허브 미니 리스를 여러 개 만들어 틀에 걸어 모아주세요.

5 향긋한 로즈마리 리스는 한 사람이 하나의 리스를 사용하며, 컵받침이나 접시 데코용으로 손님맞이에 활용할 수 있습니다.

6 다음은 행잉 가든을 만들어 보겠습니다. 액자에 붙일 시험관을 준비하고, 시험관에 색돌을 1/5 정도 채워줍니다.

7 물을 시험관의 반 정도 채워주세요.

8 키친 벽면에 액자를 걸고 그 위에 시험관을 3M테이프로 붙인 후, 아이비를 시험관에 넣어 길에 늘어뜨립니다.

9 다양한 사이즈의 아이비를 시험관에 넣어 연출해주세요.

싱그러운 키친 가든이
완성되었습니다.

꽃의 도시, 암스테르담 여행

I miss u there, love amsterdam

순수하고 로맨틱한 예쁜 동화 속의 작은 스녀가 떠오르던 도시.

평범한 시장 골목의 과일 가게들처럼 즐비하게 늘어선 꽃 상점,
한손에는 한 아름 꽃을 안고 자유롭게 자전거를 타고 가는 신사들,
그런 모습을 만족스럽게 바라보게 되는 마음이 평온해지는 순간.
일상의 아름다움과 마주하며
천천히 보고 느끼며 걷는 것이 아름다운 도시에서 다시 나에게 묻는다.

꽃이 왜 좋을까?

꽃이 좋은 이유는
내 기분에 따라 기뻤다가 슬펐다가
언제나 있는 그대로의 내 마음을 반영해주는 느낌을 받기 때문이다.
그곳에서 내가 느낀 꽃 감성은 설렘과 따뜻함이 가득했고,
내 마음을 온통 행복으로 물들게 했다.

꽃에 숨결을 불어넣는 나의 일이 더 황홀해지기 시작했으니,
그곳에서 꽃이 더 좋아졌음이 분명하다.

꿈이 커지는 시간.
꽃과 함께 더 행복해지고 싶다 생각한 시간.

I miss u there, love amsterdam.

Epilogue

**'꽃은 늘 마음을 전하는 자리에 있어요.
코코무드도 여러분도 늘 그 자리에 있기를 기대하며…….'**

이토록 무엇 하나에 열렬히 마음을 쏟아낸 적이 있던가,
낯설고 예쁜 감정을 느꼈습니다.
지구상 어딘가 낯선 곳의 누군가에게 책을 통해 기억된다는 사실이
기적 같기도, 아니 따뜻하다고 하는 게 더 적절할 것 같네요.
뜻밖이었지만 플로리스트로서 마음이 뜨거워지는 시간들을 맞이하고
보송보송해지는 기분과 함께 나날이 마음이 포근해짐을 느낍니다.

늘 꽃으로 가득한 일상에서 저는
마음이라는 나침반을 가지고 진심이라는 방향을 향해 길을 걷고 있습니다.
그 길 위로 내리는 따사로운 볕에 빛나는 꽃이 예뻐 한 없이 한 없이 걷습니다.
그 꽃들에게 따스한 볕이 꼭 필요했던 것처럼,
저 역시 좀 더 따뜻하고 고운 온도를 지닌 이가 되고 싶다 말합니다.
그렇게 앞으로도 함께 바라보는 삶이 될 수 있기를 바랍니다.

언젠가 삶이 즐겁지도 자랑스럽지도 않아지는 순간이 오고
그때 내 생의 가장 눈부신 날로 다시 돌아갈 수 있다고 한다면,
아마도 저는 오늘을 추억하게 될 것 같아요.
일이 일이 아닌 것 같았던 행복한 시간, 그 일로 인해 가장 설레던 그 시간으로
기억해내야 할 것이 많은 삶보다는 추억할 것이 많은 삶이
제 가슴을 더 뜨겁게 뛰게 할 테니까요
그때 다시 책을 펼쳐보며 열렬히 마음을 쏟아낼 이유를 찾고 있지 않을까 생각해봅니다.
덕분에 이 책은 영원히 추억이 될, 봄의 페이지가 될 것 같습니다.

플로리스트가 되어, 꽃 일을 하면서 가장 많이 받는 질문이 있습니다.
좋아하는 일을 해서 부럽다고, 즐기면서 일을 하는 것이 느껴진다고
그럴 때 저는 그저 매일매일 진심을 다해 뜨겁게 마음을 표현하고
사소한 것, 대수롭지 않은 것 하나하나 소중히 하며 행복을 찾는 중이라 대답합니다.
결국, 나의 생에 흠뻑 젖어버리는 일이야말로
행복이란 의미에 가장 가까이 가는 방법이 아닐까 생각해요

부디 당신의 꽃 같은 순간을 열렬히 사랑하시기를.

Flower Index

조금은 생소할 수 있어요.
하지만 꼭 한번은 보여주고 싶은 특별한 꽃들을 담아보았습니다.

드럼스틱	딸기단풍	망개
목수국	무스카리	별튤립
산당화	센더소냐	수국
스위트피	스위트피	콩스위트피

마이
디어
플라워

1판 1쇄 발행 | 2016년 7월 18일
1판 3쇄 발행 | 2022년 8월 5일

지은이 주예슬
펴낸이 김기옥

실용본부장 박재성
편집 실용2팀 이나리, 장윤선
마케터 이지수
판매 전략 김선주
지원 고광현, 김형식, 임민진

디자인 형태와내용사이
인쇄·제본 대원문화사

펴낸곳 한스미디어(한즈미디어(주))
주소 121-839 서울시 마포구 서교동 392-34 강원빌딩 5층
전화 02-707-0337 | 팩스 02-707-0198 | 홈페이지 www.hansmedia.com
출판신고번호 제 313-2003-227호 | 신고일자 2003년 6월 25일

ISBN 979-11-6007-028-6 13630

책값은 뒤표지에 있습니다.
잘못 만들어진 책은 구입하신 서점에서 교환해드립니다.